AF320626

# PREMIER CONCERT FRANÇOIS

## Du Palais des Tuilleries.

*Composé par Mr.* COLLIN DE BLAMONT
*Sur-Intendant de la Musique du Roy.*

## LE RETOUR DES DIEUX

## DIVERTISSEMENT.

## ET

## DIDON,

## CANTATE.

MDCCXXVII.

# LE RETOUR
# DES DIEUX
## SUR LA TERRE,

## DIVERTISSEMENT
### en Musique,

Par Monsieur COLLIN DE BLAMONT,
Sur-Intendant de la Musique du Roy;

Cy-devant chanté chez LE ROY ; & depuis
au Concert des Tuilleries.

Les Paroles sont de Monsieur TANEVOT.

MDCCXXVII.

DE L'IMPRIMERIE

De J-B-CHRISTOPHE BALLARD, Seul Imprimeur
du Roy pour la Musique.

## DIVINITEZ.

MINERVE,                         M<sup>lle</sup>. Antier.

APOLLON,                         M<sup>r</sup>. Dangerville.

L'AMOUR,                         M<sup>lle</sup>. Julie.

ASTRE'E,                         M<sup>lle</sup>. Delbar.

LA NYMPHE DE LA SEINE, M<sup>lle</sup>. Lemaure.

### SUITE DE MINERVE,

LES GENIES DES ARTS, M<sup>rs</sup>. Tribou & le Prince.

LA POESIE,  
LA MUSIQUE, } M<sup>lle</sup>. Antier.

### BERGERS ET BERGERES.

UNE BERGERE,                     M<sup>lle</sup>. Delbar.

UN BERGER,                       M<sup>r</sup>. Tribou.

### HABITANS DES RIVES DE LA SEINE.

UN DES HABITANS, M<sup>r</sup>. le Prince.

✻

Permis d'Imprimer & diſtribuer le dix-neuf Novembre 1727. Signé HERAULT.

Regiſtré le 28. deſdits mois & an. Signé BRUNET, Syndic.

# LE RETOUR
# DES DIEUX
## SUR LA TERRE,
### *DIVERTISSEMENT*
### *en Musique.*

---

# SCENE PREMIERE.

## LA NYMPHE DE LA SEINE.

*QUELLE douce clarté se répand sur ces bords!*
*Qui produit de ces sons la celeste harmonie!*
*Jamais je n'en goûtay la douceur infinie,*
*Et mon cœur ignoroit de si charmants transports.*

*Les Dieux vont-ils quitter le séjour du Tonnerre?*
*Pour la seconde fois viennent-ils sur la Terre?*

A ij

# SCENE II.

ASTRE'E, LA NYMPHE DE LA SEINE,

HABITANS des Rives de la Seine,

BERGERS ET BERGERES.

### ASTRE'E.

*NYmphe, n'en doute point ; ma prefence en ces lieux,*
*T'annonce le retour & la faveur des Dieux ;*
*De ton Roy, de ta Reine ils couronnent le zele,*
   *C'eft leur vertu qui nous rappelle.*

*Par leur augufte exemple, enfin les Immortels,*
*Dans les cœurs des Humains, retrouvent des Autels;*
*Le Ciel verfe en leur fein fa fageffe profonde.*
*Des Rois, comme des Dieux, naît le bonheur du monde.*

### LA NYMPHE DE LA SEINE.

*Peuples foumis au pouvoir de LOUIS,*
*Vous qu'on voit habiter cette riche contrée;*
*Celebrez à jamais la prefence d'Aftrée,*
*Chantez des Dieux les bienfaits infinis.*

### CHOEUR D'HABITANS.

*Celebrons à jamais la prefence d'Aftrée,*
*Chantons des Dieux les bienfaits infinis ;*
*Qu'il eft doux d'habiter cette riche contrée,*
*Qu'il eft doux d'obéir aux ordres de LOUIS!*

## UNE BERGERE.

*La simple Nature*
*Renaît icy-bas,*
*L'Amour nous assure*
*Des jours pleins d'appas.*

*La foy la plus pure*
*Va dans nos Vergers,*
*Du cœur des Bergers*
*Bannir l'imposture ;*
*Plus d'Amants ingrats.*

*La simple Nature, &c.*

*Chantez Tourterelles,*
*Chantez avec nous,*
*Nous sommes fidelles,*
*Tendres comme vous.*

*La simple Nature, &c.*

## UN BERGER.

*Le Ciel nous presente*
*De nouveaux plaisirs,*
*Leur douceur naissante*
*Comble nos desirs.*

*Des Dieux la presence*
*Donne à nos ardeurs,*
*La douce esperance*
*De voir la constance*
*Regner sur les cœurs.*

On reprend le Chœur, *Celebrons à jamais, &c.*

# SCENE III.

## MINERVE, ASTRE'E, LA NYMPHE
## DE LA SEINE, & leur suite.

### MINERVE, à la NYMPHE.

Nymphe, dans ces climats reconnois la Déesse,
Qui toûjours pour ton Roy signala sa tendresse ;
Tout l'Olympe à l'envy l'a comblé de bienfaits,
Il reçût d'Apollon l'éclat qui l'environne,
Du Souverain des Dieux l'air brille en sa personne ;
Les Graces, l'Amour même ont dessiné ses traits,
Le fier Dieu de la Thrace a formé son courage ;
   Mais sa sagesse est mon ouvrage.

Par un pareil destin j'ay la gloire en ce jour,
   D'avoir formé dès sa premiere aurore,
     Une Princesse qu'il adore,
Une Reine, l'objet d'un éternel amour.

### CHOEUR, de la suite de MINERVE.

   Minerve a la gloire en ce jour,
D'avoir formé dès sa premiere aurore,
    Une Princesse qu'il adore,
Une Reine, l'objet d'un éternel amour.

# SCENE IV.

## MINERVE, ASTRE'E, APOLLON, LA NYMPHE, LES GENIES DES ARTS.

### APOLLON.

*Au Regne de LOUIS je dois toutes mes veilles;*
*Ministres de ma volonté,*
*De la célebre Antiquité*
*Faites revivre les merveilles;*

*Fortunez Sujets*
*De ce vaste Empire,*
*Suivez les projets*
*Qu'un Dieu vous inspire.*

*Que sous le pinceau*
*La toile s'exprime,*
*Que sous le ciseau*
*Le marbre s'anime;*
*Que de toutes parts*
*Regne pour les Arts*
*Un goût unanime.*

### CHOEUR des GENIES des ARTS.

*Fortunez Sujets*
*De ce vaste Empire,*
*Suivons les projets*
*Qu'un Dieu nous inspire. &c.*

## LA MUSIQUE.

*La noble ardeur qui m'enflâme*
*Prend sa source dans les Cieux,*
*Et je fais goûter à l'ame*
*La felicité des Dieux.*

*Je veux avec Uranie,*
*Celebrer dans mes transports*
*Cet Empire, où l'Harmonie*
*Regne comme en mes accords.*

## LA POESIE, à la NYMPHE,

*Tu sçais, Nymphe, que les Destins*
*Ont voulu que ma sainte yvresse*
*Fît couler aux cœurs des Humains*
*Les maximes de la Sagesse.*

*Mais pour mieux remplir cette loy,*
*Il suffit d'inspirer aux Hommes,*
*Les Vertus qu'au siecle où nous sommes,*
*Font briller ta Reine & ton Roy.*

## PARODIES.

### UN DES HABITANS des Rives de la Seine.

Dans ces beaux lieux que l'on goûte de charmes!
  L'aimable Paix
  Y regne pour jamais;
On n'y voit point couler de tristes larmes;

9

Tous les defirs
Sont fuivis de plaifirs,
Ce tranquile féjour
Semble fait pour l'Amour.

## LE MESME.

Jeunes Cœurs,
Brûlez des ardeurs
De l'aimable Dieu de Cythere;
S'il a des traits vainqueurs,
Il n'en eft armé que pour plaire :
Non , ne balancez pas,
Marchez fur fes pas;
Ne balancez pas
Faut-il qu'on differe,
Sa chaîne a mille attraits
Qu'un indifferent ne fent jamais.

Ne craignez plus fes feux,
On eft trop heureux
Quand on aime,
Ne perdez pas un moment,
L'Amour eft le bien fuprême :
Pour un fidele amant,
Jufqu'à fon tourment
Tout eft charmant :

Dans son aimable Empire,
L'air même qu'on respire,
Les doux Zephirs
Parlent des plaisirs
Qu'il inspire ;
Tout vous dit à la fois
Que le vray bonheur est sous ses loix.

## SCENE V.

## L'AMOUR, LES DIVINITEZ
des Scenes précedentes.

### L'AMOUR, à MINERVE.

*MEs coups ont assez bien servy vôtre prudence*
*Déesse, & je puis desormais*
*Sans crainte, à vos regards faire briller mes traits.*
*Qui peut douter encor de ma Puissance ?*
*On m'opposoit la Chasse & ses nobles plaisirs,*
*Oüy, l'Amour, disoit-on, forme de vains desirs ;*
*De ses traits dans les bois on brave la blessure,*
*Il ne peut jusques-là, faire craindre son nom ;*
*Assise auprès d'Endimion,*
*Diane vous dira si la retraite est sûre.*

### MINERVE.

*Que les Echos des Bois, que les Champs d'alentour*
*Retentissent du nom d'Amour :*
*Minerve applaudit à sa gloire,*
*Quel triomphe ! quelle victoire !*

# LE CHOEUR.

*Que les Echos des Bois , que les Champs d'alentour*
*Retentiſſent du nom d'Amour ;*
*Minerve applaudit à ſa gloire ,*
*Quel triomphe ! quelle victoire !*

## PARODIES.

### *LA BERGERE.*

Sous cet épais feüillage ,
Diane & l'Amour ont tendu leurs filets ,
Ils vont mettre en uſage
Les plus dangereux de leurs traits :

Diane , avec ſes armes ,
Détruit les plus fiers Habitans des Foreſts ,
Et l'Amour par ſes charmes ,
Jeunes Beautez , vous enchaîne à jamais.

### *LA MESME.*

LOUIS vient de paraître ,
Déja les Chaſſeurs viennent de toutes parts ;
On reconnoît leur Maître
A la douceur de ſes regards :

Les Graces attentives
Penſent retrouver Adonis en ce jour ,
Les Nymphes moins craintives
Quittent les Bois pour augmenter ſa Cour.

*LA MESME.* *Premier Menuet.*

Dans ce Boccage,
Le chant des tendres Oyſeaux,
Le bruit des eaux;
Tout nous engage
A goûter un doux repos:

L'Amour pour nous
A réſervé ſes coups
Les plus doux,
A ſes faveurs
Livrons nos cœurs;
L'aimable Maître,
Dont mille & mille fois
Nous beniſſons les loix,
Fait renaître
L'heureux cours
Des beaux jours.

*SECOND MENUET.*

Au gré de nos vœux
Nous paſſons la vie:
Tout répond à nôtre envie,
Les Plaiſirs , les Ris , les Jeux:

Le Dieu qui nous bleſſe,
Pour nous s'intereſſe,
Les plus doux attraits
Suivent par tout ſes traits,
Nôtre bonheur ne ceſſe
Jamais.

Pour finir ce Divertiſſement , le Chœur repete , *Que les Echos , &c.*

F I N.

# DIDON,

## CANTATE à voix seule & Symphonie, chantée par Mademoiselle Antier.

### RECIT.

Echappé de l'horreur d'un terrible naufrage,
    Malgré tout le couroux des Dieux,
      Enée, arrivé dans Carthage,
      Goûtoit le bonheur pretieux,
De se voir adoré d'une Amante fidelle ;
L'Amour pour ce Heros avoit blessé Didon :
Le funeste Recit des malheurs d'Ilion
Paroissoit luy donner une grace nouvelle.

### AIR.

    Servez cet Amant glorieux
    Jeunes Enfants, quittez Cythere,
    Venez-tous avec vôtre Mere
    Embellir ces aimables lieux.

    Que le puissant Dieu de la Thrace
    Daigne à la Terre faire grace,
    Qu'il s'unisse à vous dans ce jour
    Pour celebrer les charmes de l'Amour.

    Servez, &c.

### RECITATIF.

Mais, tandis qu'occupé d'une si belle chaîne,
Enée oublie & Junon & sa haine,
Mercure se presente & montre à ce Heros
Du sort de l'Univers l'Arrest irrevocable :
Quittez, luy dit ce Dieu, cet Objet trop aimable,
Cherchez la gloire & les travaux ;
Il est beau de marcher sur les traces d'Alcide.
Déja l'on voit sur la Plaine liquide
Ce frere de l'Amour qui va fendre les flots.

## AIR.

Courez à la victoire,
Combattez, triomphez de la Reine des Dieux,
Ses transports furieux
Serviront vôtre gloire.

Laissez aux timides Bergers
Le soin des tendres amourettes,
Laissez-les, au son des Musettes,
Goûter des plaisirs sans dangers.
Courez à la victoire, &c.

## RECITATIF.

Didon voit partir son Amant.
L'on entend de ses cris retentir le rivage ;
Elle demande aux Dieux de soûlever l'orage :
Volez fiers Aquilons, en ce fatal instant,
Et ramenez un inconstant,
Disoit cette Reine éperduë :
Mais le Vaisseau qui s'éloigne du Port,
Dans le desespoir qui la tuë
Ne luy fait plus souhaiter que la mort.

## AIR.

L'Amour a trop d'empire
Sur tout ce qui respire :
Fuyons ses feux,
Il faut se défendre
D'avoir un cœur tendre
Pour être heureux.

L'Amour a trop d'empire
Sur tout ce qui respire.
D'une jeune Beauté
Il ne faut qu'un sourire
Pour nous ôter la liberté.

L'Amour a trop d'empire, &c.

## FIN.

www.ingramcontent.com/pod-product-compliance
Ingram Content Group UK Ltd.
Pitfield, Milton Keynes, MK11 3LW, UK
UKHW021356100726
13657UKWH00006B/2405